A LUZ DO AMANHÃ.

A mensagem de Deus para esse tempo.

1ª Edição 2021

CENESE

EDIÇÃO CENESE

FICHA TÉCNICA

Gráfica: Renovagraf

A Luz do Amanhã – Cotia, São Paulo
Brasil
Marcos S Pinho 2020

ISBN: 978-65-87993-02-7

Uma mensagem importante

Esse livro é destinado a obra de propagação das boas novas pregadas pelos profetas do Altíssimo.

Esse livro não substituí nenhum livro sagrado de nenhuma religião abraâmica, tais como: A sagrada Bíblia Hebraica, a sagrada Bíblia Cristã, o sagrado Alcorão islâmico e outros livros.

Esse livro não tem por objetivo a criação de mais um sistema religioso, mas tem por objetivo levar a todos os leitores para retorno sem reservas ao Soberano das sete dimensões. Somos monoteístas sem mistura, o Eterno é um e único e não se manifesta como criação, mas nas criações, o Altíssimo se manifestou na arca da aliança e nos seus profetas.

A manifestação do Eterno se dá por meio da operação do seu poder através da criação. Ele não é a natureza, Ele criou todas as coisas.

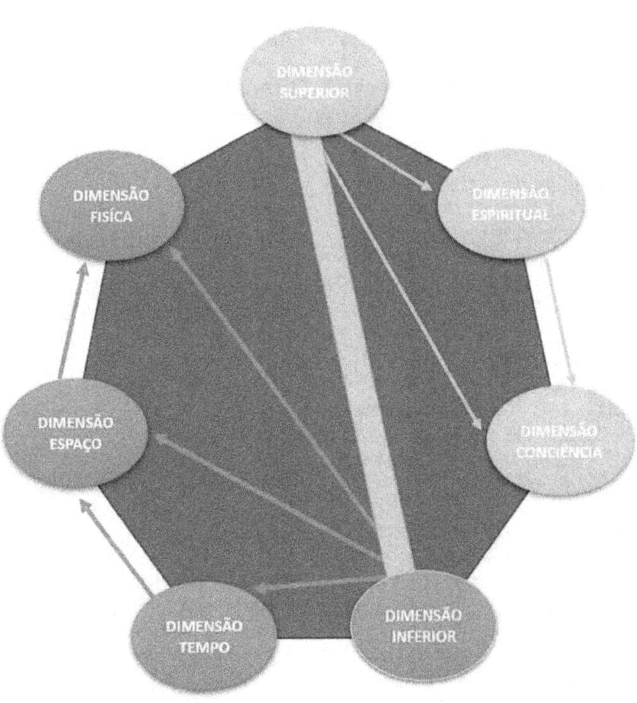

DIMENSÃO
SUPERIOR
DIMENSÃO
FISÍCA
DIMENSÃO
ESPIRITUAL
DIMENSÃO
ESPAÇO
DIMENSÃO
CONCIÊNCIA
DIMENSÃO
TEMPO
DIMENSÃO
INFERIOR

1º CAMINHO
A criação divina.

1 Em nome do Mantenedor o Misericordioso, louvado seja o sagrado Nome.

2 [a] O Altíssimo criou as sete dimensões, criou a terra e outros mundos viventes fora do mundo conhecido, o Altíssimo é o todo Poderoso, louvado seja.

3 No início, antes de existir o nosso planeta, o Soberano criou o cosmo, com sua voz em forma de música, cada ser foi levado a existência no mundo inferior.

4 Antes de existir os corpos celestes a escuridão era dominante. Uma grande concentração de poder era o olho do universo.

5 Então o Santíssimo expandiu a concentração de poder por meio da luz. Naquele momento o espaço tornou-se vivo pela emanação do Santíssimo.

6 Cada corpo celeste foi posto em seu lugar determinado para a existência dos mundos, cada astro tem sua função no cosmo, formando um universo vivo.

7 O mundo superior existe antes do nosso mundo inferior vir à existência e suas essências foram transmitidas por meio da luz, condensando a energia emitida pela luz em massa.

8 A massa é a energia condensada por meio da Luz que emana do Criador. Com isso o mundo inferior (visível) só foi possível por meio do mundo (superior) invisível.

9 Portanto o mundo já existia em energia não condensada.

10 Depois de tempos na eternidade nosso planeta foi habitado com as criações do Grande Engenheiro do cosmo. O Eterno usou sua "palavra" para criar as sete dimensões.

11 Tudo o que foi criado passou a existir por meio da luz. Tudo o que existe em nosso universo está conectado ao Criador, porque a Luz e o poder procedem dEle. Poderoso é

---

[a] **"Altíssimo"**: Eloah, Dios, God, Allah, Eloah, Eloha, ou mesmo "Eloah" em aramaico. Na leitura pronuncie como quiser.

o que empodera, louvado seja o Soberano.

A criação dos anjos

13 Os mensageiros foram criados para viverem entre a dimensão superior e a inferior, eles podem viver em espírito sem corpo e viver como um ser humano, comer e coabitar entre nós.

14 O Altíssimo criou os mensageiros interdimensionais a partir da Luz, ela foi usada para iluminar a terra antes de criar o Sol.

15 Criados a partir dessa Luz os Mensageiros(anjos) podem transformar-se em carne para viver entre os homens e se desvestirem da física para viver na dimensão superior.

16 A Luz da qual os Mensageiros foram criados não se compara a luz do Sol,

17 mas a Luz da qual os Mensageiros foram criados não depende de nenhum iluminador do mundo inferior. Louvado seja o Criador dos mundos.

18 A suprema Luz vem diretamente do ETERNAL e ela não está fixada em um ponto físico para sua emanação.

19 Quando o Misericordioso formou a terra, no primeiro dia ele disse: "Surja a Luz" percebe-se que essa Luz não procede de nenhum astro ou coisas do mundo inferior, mas ela vem do Eterno. Foi dessa Luz que os Mensageiros foram criados, isso permite que eles possam viver entre os dois mundos. Louvado seja por sua bondade.

21 O Santíssimo faz-se presente por meio dos Mensageiros, os usam para fazer os feitos, assim, quando um anjo fala, ele torna-se instrumento do Eterno entre os homens.

22 Quando um anjo fala e dá ordens, é o próprio Eterno usando a boca deles para instruir os serem humanos.

23 Como os idolatras não entendem, passam a adorar os Mensageiros como se fossem o Santíssimo ou pertencentes a uma divindade mista.

24 Não se enganem o Altíssimo não é três partes em uma, ou três formas de emanação,

25 o Soberano é o que é, e não é possível dimensiona-Lo.

26 Os mensageiros estão por toda a parte em nosso mundo, ajudando e instruindo.

27 O Anjo Gabriel orientou profetas, o Anjo Miguel lutou as guerras dos homens ajudando-os.

28 Eles sempre estiveram entre nós, fazendo contato e instruindo os povos e as nações.

A dimensão superior.

29 O Eterno revelou as sete dimensões e tudo o que foi possível receber foi recebido.

30 Ele criou as dimensões para que a vida fosse possível no cosmo, e todas as dimensões estão interligadas.

31 Foi a partir da dimensão superior que tudo da dimensão inferior foi criado, saindo do invisível para o visível, da energia em expansão para à condensação, tornando a energia em matéria.

32 Ao criar o homem o Soberano "soprou" a energia da vida, colocou no cérebro do homem mecanismos para o entrelaçamento com a dimensão superior por meio da dimensão espiritual, mas com a decadência humana nem todos podem ter acesso.

33 Fomos criados para vivermos na presença ETERNO, mas, a humanidade ao longo de setenta (70.000) mil anos quase que perdeu por completo a comunhão com o Todo-Poderoso. Precisamos aprender o retorno para o Eterno por meio da dimensão espiritual.

34 A dimensão superior foi criada para abrigar as seis dimensões. Não pensem que a dimensão superior está em um lugar ou em um tempo, porque essa dimensão é na realidade oculta do entendimento dos infiéis.

35 Ela não é localizável, está acima de todas as outras como um grande domo para permitir a vida de todo o cosmo, foi assim que o ETERNO fez para que a vida dos que vivem nessa

dimensão inferior pudesse existir.

36 O ETERNO age por meio da dimensão superior e consequentemente por meio de todas as outras, o ETERNO está em todos, Ele é onipresente e onisciente.

A criação do homem.

37 O planeta nos revela a criação, nos mostra o amor infindável do Misericordioso mantenedor.

38 Adão foi criado das substâncias da terra, da água e do ar, mas, ele apenas era um objeto inanimado, sem o poder do Soberano.

39 Foi a concatenação dos elementos da natureza com o sopro do Eterno que formou Adão, para sair da invisibilidade para a visibilidade.

40 Toda a criação está ligada ao Soberano, todos os nossos pensamentos e ações estão automaticamente no Doador da vida. Quando pensamos, ou no mais secreto dos quartos fazemos algo, o Soberano sabe de tudo, o Altíssimo (Louvado seja) ver tudo.

41 O Altíssimo não ver com olhos humanos que são limitados, mas ver por meio de sua criação, porque toda a criação está ligada ao Altíssimo, tudo veio dEle.

42 Nossos pensamentos antes mesmos de serem gerados já são tomados à ciência do Soberano. Seu poder está continuamente ligado ao nosso cérebro coletando informações em tempo mais que quântico.

43 O Soberano não apenas "coleta" informações como também introduz, essas impressões mentais nos ajudam a guiar nossas vidas.

44 O primeiro homem foi criado com a máxima perfeição. Recebia instrução o tempo todo, estava continuamente em harmonia, era a imagem e semelhança do Mantenedor.

45 O homem foi criado a imagem e semelhança do Misericordioso (Louvado seja). Mas o homem não se parecia fisicamente com o doador da vida, porque o Altíssimo não tem aparecia

física, ele não se prende a matéria.

46 Não podemos localizar o Todo-Poderoso no espaço ou no tempo. O soberano está em todo o tempo e espaço, o Altíssimo ver o passado, presente e futuro. Analisa o tempo o Altíssimo é o soberano de tudo.

47 O primeiro homem se parecia em: Santidade, inteligência e poder de escolha. Nisso Adão era a imagem e semelhança.

48 Nunca cometa o erro de pensar que o Soberano é físico, possuindo braços e pernas, porque ele não se limita a criação e nem a imita.

O Soberano é um e único.

49 Quando Adão foi criado, o Eterno refletiu em Adão sua essência. Era Adão um e único como assim é o Misericordioso. Todas as criaturas assistiam atentamente a elevação de Adão e no momento em que ele abriu os olhos todos temeram a imagem do Santíssimo refletida no santo Adão.

50 Adão não era três pessoas pensantes em um, nem três emanações de si mesmo, mas apenas uma só pessoa, sendo ele a imagem do Soberano. Adão saiu do invisível para o visível.

51 É idolatria pensar que o Soberano se divide em três partes ou acreditar que ele emana em três partes, como também é idolatria pensar que ele é em uma só parte isolada.

52 o Altíssimo é o que é e será o que será.

53 Quando a instrução dada por meio do mensageiro Moshe diz que o Misericordioso é um, não se refere a uma pessoa isolada no espaço tempo.

54 Dizemos que o Soberano é um, porque ele não se divide, não há três mentes pensantes em uma só. Não se emana em três partes, e você não poderá o localizar em só ponto do espaço. o Altíssimo está em todos os lugares e em toda a sua criação.

55 Lembre-se, o Eterno não é a criação, mas o Altíssimo atua por meio de tudo que foi criado. Por não haver em

nosso idioma humano uma melhor forma de dizer,

56 então nós dizemos: O Soberano é um e único, eterno é o Criador e o sustentador do universo, que apenas o Eterno criou, cria e criará todas as coisas.

57 Cremos que o Eterno é indivisível, um só, único, incorpóreo e imortal, que o Eterno é o ser incomparável, que somente o Eterno é, foi e será o nosso único ELh, que o Eterno não tem corpo, forma, imagem, figura, gênero. ele é totalmente imaterial, que, na linguagem humana, o Eterno é, na realidade, indescritível, indefinível.

58 O Eterno é o ser inimaginável, que o Eterno é completamente inigualável, conforme declara ele próprio.

2º CAPÍTULO

A onisciência do altíssimo.

1 O Eterno, o sabedor de todas as coisas ocultas e reveladas. Não existe possibilidade de fugir da onisciência dEle, exaltado seja o Criador dos mundos o agraciador dos pecadores arrependidos. A Ti damos ações de benevolência porque sondas os nossos corações.

2 o ETERNO me mostrou que nosso corpo e todas as nossas atividades micro celulares são provenientes dos elementos da natureza, e todos os átomos e elementos nanomicos vieram à existência por meio da Luz, que é o condutor do mundo invisível para o visível.

3 Todas as coisas procedem do Altíssimo, tudo que veio a existência é proveniente do Misericordioso Apascentador, nisso cremos que toda a criação é energia condensada, porque toda a fonte de energia tem origem nEle.

4 Se subo aos céus lá está o Eterno, se desço ao mais profundo dos oceanos lá está o Eterno, não há lugar que me isole para fora de sua presença.

5 Estamos imersos no Criador, o mundo está nele, o universo é uma fagulha dentro dEle. Pergunto para você: Podemos fugir da onisciência do Soberano? Podemos esconder algum segredo dEle?

6 Arrepende-te de teu erro, fuja da aparência do mal, o Altíssimo sabe de todas as coisas.

7 Com sabedoria a toráh foi e é nos dada diariamente e nunca se contradiz.

8 Se o Eterno vê, então tem olhos? Não olhos humanos. Nós precisamos de luz para ver algo. O criador não precisa da luz para ver, não ver apenas o exterior, mas ver o interior.

9 o Altíssimo ver tudo e quando digo: ver. Não limite sua mente a pensar que o Altíssimo ver da mesma forma como vemos. A visão do Soberano transcende a matéria.

10 No princípio o Altíssimo disse: Haja Luz. E a Luz não veio de um ponto fixo, ela clareava toda a terra.

11 O Eterno está em todos os lugares, portanto a Luz que clareou a terra antes do Sol, não era matéria. Não podemos comparar essa Luz com os raios do Sol.

12 Enquanto a luz do Sol separa dia e noite na terra. A Luz vinda do Eterno transcende a física. A luz física veio por meio da Luz espiritual. A Luz do Criador brilha no coração do homem tirando-o das trevas e levando ao conhecimento sobre o ETERNO. Sua ciência do Eterno é adquirida por meio da experiencia.

A dimensão da consciência.

13 Existe três tipos de consciência; a individual, a coletiva e a espiritual. Todas elas foram Criadas pelo Soberano para Sua exaltação e o bem estar dos seres humanos.

14 A consciência individual é quando o homem percebe o mundo a sua volta, quando passa a ter ciência de sua história, suas vontades e sua individualidade.

15 Na consciência individual somente o homem e o ETERNO conhece o que o envolve. O pecado cometido em secreto, os seus pensamentos, suas escolhas não reveladas e suas preferências. Todas essas ações de consciência são individuais.

16 O Criador nos deu a possibilidade de ter a ciência de nossa existência, e que um dia finalizaremos nossa existência nesse mundo.

17 A consciência individual é importantíssima para nossa própria aceitação sobre quem somos e para que estamos aqui.

18 Quando Adão foi criado ele passou a ter consciência de si, com os cinco sentidos primários ele percebeu o mundo a sua volta. Teve ciência que era único ser vivo sem uma parceira e que nenhuma fêmea era compatível com ele.

19 Só é possível a elevação da alma se a nossa consciência for ativada por meio da dimensão espiritual.

20 Quando dois ou mais indivíduos se unem, cada um com suas consciências individuais eles podem formar a consciência coletiva.

21 Nesse tipo de consciência, os seres humanos compartilham a experiencia do mundo, qual música ouvir, qual deus adorar, qual tipo de alimentação é a melhor.

22 Um grupo de pessoas sabe que o dia está claro, sabe que está chovendo, sabe que precisam de paz para viverem, dessa forma eles cultivam a mesma experiência.

23 A consciência coletiva é importante para uma comunidade viver em completa harmonia, leis são criadas com base na ciência do grupo.

24 O casal no Éden percebeu que eram mais completos juntos e que compartilhando a mesma consciência eram uma só pessoa.

25 Quando um homem e uma mulher se unem, passam a depender da harmonia e da coletividade de ações e pensamentos para terem sucesso.

26 O Eterno nos criou para vivermos em união, disse o profeta "Qual bom e qual maravilhoso que os irmãos vivam em união".

27 Os três tipos de consciência se completam, mas nem todos alcançam a terceira consciência, só é possível alcançá-la por meio da dimensão espiritual. Por meio da terceira consciência é possível saber se uma outra pessoa que está a sua volta precisa de ajuda, mas para isso, é preciso ter a primeira consciência ativada.

28 Jesus disse: "Alguém me tocou", mas o porquê daquela pergunta, se dezenas de pessoas o tocavam naquela multidão? O tipo de consciência que Jesus alcançou para identificar aquele toque foi a espiritual.

29 Eliseu disse ao seu servo: "Eu vi quando você aceitou o tesouro", como Eliseu pode ter visto se o jovem estava a distância considerável? Ele viu por meio da consciência espiritual.

30 O profeta acessa essa ciência por meio da dimensão espiritual que está ligada ao ETERNO.

31 O ETERNO sabe de todas as coisas ele ver tudo, sabe de tudo. Então quando a profeta ativa a dimensão espiritual, ele pode ter acesso a consciência paranormal.

32 Disse Jesus: "Essa menina dorme", mas, por que ele sabia de todas aquelas informações? Ele mesmo respondeu: "...As palavras que eu vos digo não as digo de mim mesmo, mas o Pai, que está em mim..."

33 O ser humano pode alcançar um nível tremendo de sabedoria se alcançar o terceiro nível de consciência. Salomão, Moises, David, Jesus, Jeremias, Elias, Josué e outros todos tinham os três tipos de ciência.

34 Enoque viveu no ETERNO, ou seja, ele vivia na terceira consciência. Nós somos chamados diariamente para vivermos para o Eterno, Ele é o sabedor de todas as coisas.

35 Converta-se ao Soberano, ele sonda e conhece o seu coração. Ele me escolheu para escrever esse livro, para te mostrar a vontade dEle para esse tempo.

CAPÍTULO 3
A benevolência do Altíssimo.

1 Em nome do Maravilhoso Mesericordiador, eu deixo para vocês essa mensagem. Louvado seja o Soberano porque seu amor permeia nosso ser e conforta nossa alma.

2 Quando o casal no Éden caiu em transgressão tudo mudou, a harmonia que existia entre eles mudou.

3 Pesado foi o dia do declínio humano. O casal sentiu medo e perceberam a promessa da morte.

4 O Ser Soberano logo lançou sobre o homem sua benevolência, e amor infindável, mas não retirou sua sentença de morte.

5 Muitos que hoje transgridem a instrução do ETERNO e pedem perdão serão perdoados, mas a maldição não será retirada.

6 Não fomos feitos para sofrer. Nossa psique não suporta a dor e a morte.

7 Não me refiro a dor do sistema nervoso, mas refiro-me a dor da alma, o sofrer do coração.

8 Não assimilamos a morte, ela será sempre um labirinto escuro.

9 Quando uma alma se afasta da Luz, o brilho que era refletido, tornar-se-á em trevas.

10 Com a mesma intensidade que a benevolência do Eterno foi derramada sobre o casal no Éden, a mesma, é derramada sobre nós.

11 Não necessitamos de sacerdote ou de intermediário para falar com o Altíssimo, para sentir seu amor, para viver em harmonia com ELE.

12 o Altíssimo ouve nossas orações e seu poder flui em nosso corpo e alcança o mais profundo da alma.

13 O Criador não necessita da morte de um animal para conceder o perdão, não se limita. o Altíssimo (louvado

seja) não precisa de [b] sacrifícios humanos. o Altíssimo é o que é, e será o que será.

A morte de animais

14 Quando o Sagrado, permitiu o uso de animais, foi para elucidar a punição com a morte. Por mais que os pecados estavam sendo perdoados, as penalidades do erro em alguns casos já mais poderiam ser isentas.

15 Por isso o Soberano permitiu que um animal elucidasse a punição. Animais recebiam a culpabilidade e não o pecado.

16 Alguns dizem: "o Altíssimo não ouve minhas orações, meus pecados são muitos" Não se deixe enganar, o Eternou sabe de todas as orações.

17 Numa tarde triste em meio a ventos ruidosos, Eva envolvida nos braços de Adão vê de longe as luzes do Jardim protegido por Mensageiros.

18 Com raios de fogo nas mãos, eles não se defendiam do casal, mas atestavam que o homem demoraria a entrar ali novamente.

19 A primeira noite do casal fora do Éden foi triste, Eva pediu perdão ao seu esposo pelo erro cometido.

20 Adão a responde: Não foi por sua causa o motivo da ruína, mas porque participei junto com você da desobediência.

21 A maior dor do casal adâmico não foi morte física, porque eles não haviam a experimentado, mas a de olha o Jardim pelo lado de fora.

22 O Soberano lançou sobre o casal sua benevolência e assim eles se redimiram. Dormiram o sono da morte aguardando o dia da ressureição, com a justa esperança de ao Éden retornar.

23 Que o Eterno (louvado seja), nos permita viver no

---

[b] "Sacrifícios": Morte de um humano para remissão dos pecados dos outros.

mundo restaurado, que nos permita viver no Éden.

24 Em nome do Eterno o Todo-Poderoso, digo a você - Nenhuma alma que se achega ao Criador será dispensada, tão somente converta-se ao Altíssimo.

25 Nosso amado Criador nos repreende com uma vara, mas nos acalenta com sua clemência.

26 Não importa o tamanho dos seus pecados, volte-se arrependido e o Altíssimo te dará o perdão.

27 Cada alma convertida deseja em seu íntimo retornar ao Éden, cada mente devota ao Altíssimo anseia em viver em retidão, não por causa da meritocracia, mas pelo amor que sente pelo Eterno.

28 Um servo do Altíssimo deve buscar sem cessar a cura da alma. A reconexão com o doador da vida.

CAPÍTULO 4
O homem Adão.

1 Em nome do Altíssimo, o Magnifico perdoador, eu esclareço para vocês os feitos do Todo-Poderoso.

2 Ele com sua bondade nos colocou nesse mundo, para realizar uma missão.

3 Cada um de nós temos algo para cumprir. Quando o Criador (Louvado seja), introduziu parte de Adão no mundo físico, ele já havia sido elaborado no mundo espiritual e após criar a capa de barro, o Eterno completa sua obra perfeita.

4 Adão era composto de barro e espírito, tornando se uma alma vivente. Sem essa composição o homem tornar-se-á uma alma morta.

5 Para nós seres compostos é impossível ter consciência ou viver fora dessa composição estabelecida pelo Todo-Poderoso.

6 Quem é você? Quem somos nós? Será que somos parte de nossos corpos?

A consciência

7 Somos a consciência(espírito). Quando falamos ou pensamos é o espírito colocado no barro que age, pensa e adora.

8 Você não é a perna ou o braço, na realidade são esses e outros membros que te permite viver no mundo físico.

9 Ver, falar, sentir, pensar, apalpar, degustar são sentidos possíveis para a consciência, porque são por meio desses que temos a vivência nesse mundo.

10 O Eterno (louvado seja) nos criou para habitar no neste mundo e por estas razões é impossível para nós, vivermos fora do corpo com consciência e sentidos.

11 O mensageiro do Eterno diz: "O corpo volta para o pó, e o espírito volta paro Altíssimo que o deu".

12 A consciência volta para o Eterno, porque antes de vir ao mundo ela estava no Eterno.

13 De certa forma nós já preexistimos, parte de nossa composição já estava no Eterno mesmo antes de nascermos no mundo físico.

14 Nossa consciência é propriedade do Criador e está ligada a Ele continuamente. É impossível pensar algo que o Altíssimo não saiba. O cérebro foi projetado para a conexão contínua.

15 Todas as nossas memorias e pensamentos já estão no Eterno é por esta razão que o Altíssimo é onisciente sobre nossas ações e pensamentos. Não há como esconder, somos ligados ao Soberano.

Vida após a morte.

16 Muitos, erradamente pensam que o espírito humano pode ser consciente após a morte, mas saibam que não fomos criados para isso. Só é possível viver no mundo superior se o corpo for glorificado.

17 Uma pessoa não pode vagar no mundo físico após a morte, porque ao morrer perdeu os [c]sentidos que o possibilitava para fazer as interações com o nosso mundo.

18 No mundo superior, a consciência volta ao mesmo estado que tinha antes de nascer em nosso mundo, esperando o momento da ressurreição; a saber o sono da morte.

A ressurreição

19 O pó da terra é uma criatura do Eterno e foi da terra que nosso corpo foi formado.

20 Mesmo após a criação de Adão nós ainda somos retirados da terra.

---

[c] Paladar, olfato, tato, visão e audição.

A metabolização.

21 Quando uma mulher se alimenta dos frutos da terra, os alimentos serão metabolizados ajudando-a na formação do ser humano dentro do útero, esse processo nos torna ligados a terra.

22 Antes do dia final dessas circunstâncias de coisas muitos ressuscitarão e cada célula será reconstruída e o espírito que voltou para o Altíssimo no momento da morte, viverá novamente no corpo que outrora vivia nesse mundo.

23 Nos corpos dos condenados cada cicatriz, mancha ou até mesmo traços serão recriados pela ação poderosa do Altíssimo.

24 Os elementos da natureza serão estingados a devolver o estado anterior do corpo humano.

25 Os corpos dos redimidos haverá uma verdadeira restauração, cada átomo possuirá uma energia inesgotável e o ser humano viverá eternamente. Nossa capacidade mental será de cem por cento como nos tempos do Éden.

CAPÍTULO 5
A verdadeira e pura alimentação.

1 Em nome do Soberano o maravilhoso e agraciador, revelo para todos o segredo da alimentação.

2 Nosso corpo foi criado a mais engenhosa de todas as criações.

3 O Perdoador deu para Adão a receita da mais pura dieta alimentar.

4 No mundo adâmico todas as criaturas viviam em harmonia. Plantas e animais não morriam.

Frutas e seriais eram o alimento do casal.

A metabolização e a psicossomática.

5 Cada molécula se refaz por meio da alimentação.

6 Nosso corpo é reconstruído daquilo que ingerimos. Por este motivo eu aviso a todos vocês: tomem cuidado com a sua alimentação.

7 Há uma harmônica relação entre a mente e o corpo.

8 A saúde do cérebro tem influência sobre a psique, o pensamento, ânimo, raciocínio e outras funções do cérebro são afetadas quando ingerimos alimentos não recomendados.

9 O espírito do homem é facilmente afetado pelo desequilíbrio entre a mente e o corpo.

10 É no cérebro onde ocorre a maior atividade de energia, isso ocorre porque o espírito está coexistindo com a mente e o cérebro.

11 O perfeito funcionamento do cérebro permite com que o espírito do homem interaja com o ETERNO.

12 Carnes proibidas, bebidas proibidas e todos os alimentos proibidos por meio dos profetas causam mal para as faculdades mentais e provocam um efeito dominó em toda a cadeia orgânica do corpo.

13 Devo também os advertir que existem alimentos manipulados em nossos dias que não existiam na época do mensageiro Moshe, mas,

tais alimentos são proibidos na mesma proporção que os descritos em levíticos capítulo onze.

14 Não existe nenhuma possibilidade de crescimento espiritual se o espírito for doente por causa da má alimentação que por sua vez afeta o estado mental.

15 Para que a elevação da alma ocorra, você precisará alcançar a dimensão fora do visível.

16 O Sagrado não é inalcançável, mas para que isso ocorra você precisará de santificação nos três níveis da alma.

17 Não pensem que é difícil ser santificado no corpo, mente e espírito.

18 O espírito de satan contamina a psique do homem fazendo-o pensar que a dieta pura é apenas um conceito antiquado,

19 porém eu vos digo impelido pelo Criador: o Altíssimo não criou o mundo apenas para um povo, criou para espécie humana e todos os animais. O seu amor é mais vasto que o mar e tão profundo quanto o mesmo. o Altíssimo ama a todos

3 Remédios para não ficar doente.

20 Em nome do Eterno, falo aos limpos de coração, falo aos que mesmo em condição de pecador reconhecem o conselho do ALTÍSSIMO. Eu sou limitado, mesmo assim ELE me escolheu para falar aos que como eu desejam buscam a perfeição,

21 ELE me alegrou quando pensei que minha vida seria um assento para o pecado. Revelo para vocês conselhos para viverem mais e melhor, para serem mais felizes.

Corpo ativo

22 Nosso corpo é extremamente importante para nossa interação com a dimensão inferior, ele precisa está perfeito para uma melhor experiencia, precisa estar em

harmonia com as leis naturais.

23 O alimento para o corpo deve ser aquele que não precisa matar outra vida para a alimentação, devemos comer tudo lícito que vem da terra dado pelo ETERNO, assim como ele deu para o primeiro casal.

24 O consumo de água, deve ser natural para a eliminação das toxinas do mundo moderno.

25 O consumo de sucos naturais sem o acréscimo de açúcar industrializado deve ser incrementado no cotidiano, o uso de chás naturais deve ser usado para equilibrar o sistema digestório, todo o esforço deve ser feito para evitar as doenças. Se seu corpo não for puro não poderá alcançar a boa mentalidade.

Mente ativa

26 Nossa mente deve ser preservada das diversas influências negativas encontradas nas mídias modernas, a Netflix, globo play, amazon vídeos e outras empresas de entretenimento devem ser evitadas.

27 O ETERNO me mostrou que os maiores objetivos desses entretenimentos são: Tomar seu tempo, alienar sua mente e diminuir sua percepção do mundo espiritual.

28 O excesso de filmes, series, novelas, futebol e outras formas de entretenimento tem levado milhões de pessoas para a depressão, jovens e senhores estão doentes por uma peste invisível.

29 Em 2019 mais de 800 mil pessoas tiraram suas vidas, milhões de pessoas estão em depressão profunda e a cada dia mais e mais jovens se entregam os vícios.

30 Precisamos manter nossas mentes limpas e sadias, devemos nos esforçar para evitar o uso exagerado das mídias modernas.

31 Muitos irmãos passam mais de 2 horas por dia

no Whatsapp, telegrama, Facebook, Youtube e outras mídias.

32 Nunca em nenhum momento da história os seres humanos sentiram uma necessidade excessiva de comunicação. Lembro-me que não éramos assim, mas por que hoje homens e mulheres passam horas com aparelhos nas mãos e falam o tempo todo?

33 Porque muitos estão vazios, gastam seu tempo para fugir da realidade que o entretenimento maquiou como deprimente. A vida pintada nas telas virtuais mostra pessoas felizes, em suas casas luxuosas e com suas vidas amorosas perfeitas,

34 para o dependente do entretenimento ilusório isso é o ideal, mas, ao olharem para suas vidas, percebem o contraste entre a ficção e realidade.

35 O ETERNO me mostrou que devemos manter nossas mentes sadias, longe do que nos inflama. Nós não somos um povo comum, somos um refletor de luz para o mundo. Busquem o entretenimento puro e que esteja em harmonia com as vontades do ETERNO.

36 Busquem a paz e vivam por ela, busquem o puro amor e vivam por ele. Se sua mente não for pura não poderá alcançar o espiritual.

Espírito ativo.

37 Devemos dedicar horas de reflexão, busque um tempo a sós e pensem em suas atitudes, trabalhos, vida afetiva e fale com o ETERNO.

38 Quando for refletir em sua vida, procure um lugar de paz, preferível em meio a natureza, ou em um lugar reservado. O melhor horário para essa reflexão da vida, é antes do Sol nascer e antes de se por.

39 Antes do nascer do Sol, reflita no que você poderá ser diferente, no que poderá fazer de melhor por sua vida e

pela vida do próximo. Pense no que poderá fazer para o ETERNO.

40 Antes do Sol se por, reflita no que poderia fazer diferente, no que poderia ter feito pelo próximo. Agradeça o ETERNO por aquilo que você esteja grato.

41 Fale sempre com ELE, pois ELE é amor. Tenha intimidade com o Criador do cosmo, tenha fé nEle, tenha vida nEle, porque o ETERNO é a fonte da vida, o ETERNO é ESPÍRITO e a única forma de adora-Lo é por meio do espírito da verdade. Se seu espírito não for puro não poderá alcançar a redenção.

CAPÍTULO 6
Os três níveis para a elevação do ser.

1 Em nome do Altíssimo o todo Poderoso, aquEle que é, foi e será o Magnificente Perdoador. Eu como difusor de sua mensagem mostro ao mundo o plano do Eterno para vida de suas criaturas.

2 A humanidade tem a cada dia se afastado do ideal elaborado pelo Altíssimo, homens e mulheres, crianças e idosos, tornam-se a cada dia, mais sombrios os seus corações.

3 O homem moderno tem sucumbido sua vida em muitos erros e tais infrações deterioram seu estado espiritual, levando o mundo ao caos.

4 Homens, com homens em relação sexual de igual modo mulheres com mulheres praticam o mesmo. Jovens e adultos, crianças e idosos viciados em pornografias. Suas mentes foram tomadas pela tecnologia que oprimem suas vidas condenadas a serem vãs.

5 O homem de hoje é escravo da necessidade artificial da comunicação excessiva, e que longe da tecnologia não a exerceria.

6 Muitos tornaram-se escravos e colhem o fruto podre dessa busca frenética por serem aceitos e bem vistos na sociedade.

7 Tenho visto que muitos se entregam e entregarão a depressão e muitos se matarão por não serem aceitos como pitam suas vidas no quadro negro do mundo virtual.

8 Pouco a pouco a humanidade tem trocado a comunhão pessoal com o Altíssimo pela comunhão por meio da tecnologia. A oração é gravada, as músicas não são mais cantadas com o calor humano e as congregações tornam-se também escravas da necessidade artificial criada pelo homem.

9 Desde Adão a humanidade se afasta do Éden e a cada dia contempla o crepúsculo avermelhado do fim da era em que buscava o Altíssimo face a face.

10 Para onde iremos? Qual o nosso destino? O Criador (louvado seja) nos deu três janelas para a conexão com as dimensões.

Corpo.

11 Desde o Éden o Perdoador tem dado instruções para o cuidado do homem com seu corpo, a alimentação, banhos e cuidados essenciais para manter essa casa chamada de "corpo humano".

12 Quem nos criou foi o Altíssimo, por conseguinte O mantenedor sabe do que é necessário para nossa existência, há instruções em abundância deixada por meio dos profetas para que possamos alcançar a santificação do corpo.

Mente (neshamá)

13 A mente deve ser preservada, o excesso de informação deve ser controlado e filtrado, nós mesmos devemos fazer a autocensura baseando-nos na toráh, para impedir que o inimigo não nos segue, para que não ofusque nossa forma de ver o ideal dado pelo Altíssimo e não corramos o risco de ver o certo como errado.

14 Nossa mente deve ser separada (santificada) para que não nos diluamos como povo do Eterno.

15 Só seremos um no Eterno se nossa neshama for sóbria e iluminada pelo Criador por meio de seu Ruach Sagrado.

O espírito (ruach)

16 Não existe possibilidade de alcançar a elevação espiritual se o corpo e a mente não forem santificados para o Altíssimo.

17 O estado elevado da alma só é possível de alcançar quando a harmonia é completa e totalmente dependente do Altíssimo.

18 Adoramos o Altíssimo por meio do espírito, mas é fato que nossa mente e corpo comporta o espírito humano por isso é vital a importância da santificação. Busquem a santificação, almejem-na, lutem por ela e nunca

desista de viver a vida como um devoto ao Altíssimo.

A dimensão espiritual.

19 É por meio da dimensão espiritual que todos os seres, tanto invisíveis quanto visíveis elevam-se em serviência ao ETERNO.

20 O Eterno busca adoradores que o adore no espiritual e em verdade. Somente por meio da espiritualidade santificada o homem pode alcançar a dimensão superior e assim conhecer verdadeiramente quem é o ETERNO e contemplar toda a criação.

21 Buscar o espiritual é o dever de cada ser humano, precisamos retomar a comunhão que tinha Adão no Éden. Abraão alcançou esse nível e como consequência ele se tornou o pai da fé, mas outros homens também alcançaram e nós precisamos também nos elevar nessa dimensão.

22 Todos os seres humanos, mesmo aqueles que não creem em Deus estão ligados a dimensão espiritual, essa ligação natural é em um nível bem pequeno, mas o suficiente para que o homem possa ascender para uma fase mais completa.

23 É por ter essa fagulha espiritual que as igrejas, mesquitas, sinagogas, templos budistas e outras casas estão lotadas de pessoas em busca do espiritual.

24 No íntimo do ser humano há uma busca pelo sobrenatural é esse um mecanismo que permite ao homem buscar o retorno ao ETERNO. Mas nem todas as portas têm a verdade sobre Deus, nem todos os caminhos levam a ELE, por isso é tão importante que a verdadeira adoração seja em: espírito e em verdade.

25 Estando no primeiro estágio da dimensão espiritual a humanidade precisa alcançar o segundo estágio, porque na primeira todos já nascem. O Eterno assim permite para que mesmo aqueles que se dizem não crer nEle tenham a oportunidade de conhece-Lo, porque do contrário sem o primeiro estágio seria impossível para o homem

ter a possibilidade seguir o caminho.

26 Mas, quando uma pessoa alcança o segundo estágio da dimensão espiritual ela alcança o caminho para o conhecimento sobre Deus.

27 A verdadeira adoração ocorre na dimensão espiritual e todos precisam alcançá-la junto com a verdade.

28 Para conhecer a verdade precisamos expandir a nossa consciência horizontal. Para ampliar sua consciência exercite as orações, fale com o Eterno, meu conselho para as orações: Nunca ore com pressa e com o tempo determinado para acabar, ore em meio a natureza busque um lugar calmo, prefira as primeiras horas da manhã, antes do sol nascer.

29 A oração é a meditação da alma que eleva o homem.

Refletir.

30 Refletir é ascender à consciência o que Deus colocou no seu subconsciente. É por meio da oração que captamos poder espiritual, cada ser humano pode comportar uma quantidade elevada de energia (poder), com esse poder dado por Deus o ser humano pode trazer cura, alegria e conforto ao próximo e a si mesmo.

31 A oração é o portal de comunicação direta a Deus sem intermediários ou pedágios, é a meditação (oração) que desliga o homem da dimensão inferior e o ascende na superior, por meio do espiritual.

CAPÍTULO 7
O povo do altíssimo.

1 Em nome do Altíssimo, aquEle que fez, faz e fará. O beneficiador da vida eterna, em seu nome e unicamente nEle confiamos nossa salvação.,

2 No Éden o Altíssimo levantou do barro o homem e o escolheu para ser seu rebento.

3 Adão não tinha nenhum mérito para ser amado e exaltado, mesmo assim o Criador o elevou a sua própria imagem e semelhança.

4 O Santíssimo (Ls) escolheu povos durante o percurso do tempo, os escolheram para serem luz no mundo. Matusalém, Melksedeq, Enoque, Noé, Abraão, Jacó, Moisés, Jesus e outros para serem uma tocha de luz que tiraria o mundo das trevas.

5 Cada escolhido têm uma justa missão para levar a salvação do Altíssimo ao homem errante. Quando os hebreus israelitas pereciam no Egito, o Altíssimo os salvou por meio de Moisés.

6 Quando os ninivitas pereciam na idolatria e estavam condenados ao extermínio, o Altíssimo os salvou por meio do mensageiro Jonas. Quando os construtores da torre da confusão a erguiam, o Criador os visitou e confundido suas línguas os livrou da morte.

7 Em tempos do passado, presente e do futuro o Altíssimo (Ls), cuidou dos seres humanos e ainda cuida.

8 O Cuidador protege, negros, brancos, pardos, amarelos, tribos e nações, o Beneficiador ama a todos, não importando suas origens.

9 O Altíssimo busca alcançá-los por meio dos mensageiros humanos. Na última era, ele enviou Jesus como seu rebento para levar a salvação do Eterno a todos que derem ouvidos a mensagem do Criador por meio de todos os profetas atuais e do passado.

10 Os ensinos de Jesus são puros, belas instruções vindas do Criador.

11 Há aqueles que pensam que o Perdoador visitou apenas uma nação, há aqueles que dizem: Somos os puros e os gentios são

imundos. E outros ainda dizem: Nossa religião é a única forma de comunhão com o Altíssimo

12 Pobre é o espírito dos que assim pensam, pobres são os que são guiados por estes.
13 Todos os que renegam a fé são gentios, todos os que aceitam o Eterno deixam de ser gentios.
14 O Criador não se limita aos desejos de um povo, não condiciona suas ações aos caprichos de uma nação. Ele ama a todos e visita a todos em qualquer parte das sete dimensões.
15 O Magnifico perdoador, chamou o povo israelita para a missão de serem luz para as nações, eles tiveram altos e baixos, mas nunca o Criador quebrou o seu pacto com eles, essa aliança permanece até os dias de hoje.
16 Mas isso não significa que o bondoso não tenha visitado outras nações e povos.
17 Por meio do Mensageiro Jesus, o Eterno envia sua instrução para o ocidente e oriente, fazendo com que a mensagem de conversão ultrapassasse as fronteiras do exclusivismo judaico.
18 Nos dias atuais há aqueles que abandonam os ensinos do mensageiro Jesus. Tais pessoas foram contaminadas pelo fascínio de serem judeus-ortodoxos, achando que sendo assim, agradarão ao Criador.
19 Os renegadores da mensagem cometem um grave erro e pagarão com suas vidas no julgamento final.
20 Não haverá perdão para os que conheceram a mensagem do Eterno por meio do mensageiro Jesus e passam a sustentar a ideia dos renegadores, dizendo mentiras judaicas que de tanto repetirem passaram a ser verdade,
21 eles dizem: "Ele e seus discípulos praticaram feitiçaria e magia negra, lideraram judeus erradamente ao interior da idolatria, e foram patrocinados por poderes estrangeiros, gentios, para o propósito de subverter a adoração judaica (Sanhedrin 43a)."
22 Mentiras e mais mentiras, renegaram a mensagem, destruindo a imagem do mensageiro Jesus igualaram se aos cristãos, criando um falso perfil ao mensageiro.

A aliança

23 A aliança que o Altíssimo (Ls) fez com Israel é inviolável, mas todos os que rejeitam sua torah criando para si preceitos contrários à toráh torna-se renegador da fé.

24 Há aqueles que pensam que o Altíssimo substituiu o povo israelita por outro, não, não!

25 O Eterno chamou outros povos e levantou profetas no meio deles para tornarem-se parte do seu povo, assim como Israel faz parte do seu povo.

A sagrada torah.

26 Muitos pensam que a toráh é apenas os cinco livros de Moisés, pois bem, pensam errado. Existem incautos que pensam que as divinas instruções foram [d]dadas apenas no Sinai, eles pensam erradamente.

27 Toráh é toda instrução dada do Eterno para a humanidade e essa instrução vem por meio dos mensageiros (profetas). Eles são os escolhidos para iluminar o mundo.

28 O Eterno continua instruindo a humanidade, sua torah é dinâmica, nunca se contradiz, louvado seja o Eterno por sua bondade e amor.

---

[d] "dadas apenas no Sinai": Os mandamentos em placas de pedras

CAPÍTULO 8
A verdadeira e pura religião.

1 - Em nome do Todo-Poderoso, aquele que foi, é e será o sempiterno. Louvado seja o nome do Criador, porque sua bondade dura para sempre.

2 Muitos acreditam viver na mais pura religião, acreditam que ela foi criada pelo ETERNO. Mas na realidade foram criadas por homens, porque a verdadeira religião, não é distinguida por; nome, etnia, língua ou cultura.

3 Quando um homem se apoia em outro, juntos se sucumbem aos devaneios humanos.

4 A verdadeira ligação com o Eterno não é liderada por homens, mas é gerenciada pelo próprio doador da vida.

5 Muitos procuram desesperadamente uma religião para servirem, um grupo para se sentirem parte, os incautos assim procedem porque ainda não descobriram a verdadeira religião universal.

6 - O Eterno me chamou para a verdadeira e pura religião depois de ter andado por várias que apenas seguiam a trilha cedente da água, mas eu fui convidado a buscar a fonte da água viva.

7 - Ao chegar na fonte vi que Moisés, Abraão, Jesus, Jeremias, Jacó e muitos outros profetas haviam bebido da mesma fonte.

8 - Percebi que além do povo hebreu outras pessoas em lugares distantes haviam bebido da mesma água e mergulhando na mais pura e verdadeira religião.

10 - Quando uma pessoa é mergulhada nessa fonte, ela renasce sem distinção de pessoas, sem a vontade incontrolável para o erro.

11 - Homens criaram falsas religiões para aprisionar almas e exercer o controle da sociedade, para prender e proibir o que ETERNO não proibiu.

12 - Eu convido você para fazer parte do povo do Eterno, e a única condição para que todos possam mergulhar nessa fonte é serem obedientes às palavras (torah) de amor do Soberano.

13 - Se alguém disser para você o nome de sua religião, não o desacredite, não o conteste, porque ele acredita de fato que é verdadeira, e no fundo do coração ela busca o mesmo que você buscava, então, apenas mostre que a verdadeira não é distinguida por; nome, etnia, língua ou cultura.

14 A pura e imaculada fé vem do Eterno e está ligada diretamente ao Todo-Poderoso.

Os profetas, oráculos do Criador.

15 - Por várias eras, por milhares de anos os profetas foram escolhidos para portar a palavra real de ETERNO. Eles foram incumbidos de humanamente revelar os desejos do Todo-Poderoso para o restante da humanidade.

16 - Em cada lugar do mundo, em cada país, o Eterno levantou e levantará oráculos para serem portadores da mensagem de redenção, salvação e restauração.

Abençoados em Jesus.

17 Por meio de Moises e outros profetas o ETERNO deu ao povo israelita santas instruções para regerem suas vidas.

19 Por centenas de anos as sagradas escrituras era apenas um privilégio do povo israelita, mas, com a chegada do Mensageiro Jesus, a mensagem de outros profetas ganharam carona na pregação dele, outras nações foram alcançadas.

20 Enquanto Moises, leva a torah para os israelitas, Jesus leva ao mundo por meio do seu testemunho.

21 O ETERNO disse para Abraão: "Em ti serão abençoados todos os povos da terra". Da mesma forma,

em Jesus somos abençoados. Feliz é o homem que dá atenção a mensagem do profeta do ETERNO, feliz é aquele que crer.

22 Mais de dez bilhões de bíblias existem atualmente e em cada uma delas existe a torah do CRIADOR e isso foi fruto do testemunho do Mensageiro Jesus. Não foi por meio de outro judeu que os livros de Moises alcançou mais de quatro bilhões de pessoas, foi por meio do judeu chamado Yeshua(Jesus).

23 Por mais que exista erros, por mais que criaram falsas religiões e crenças em torno dele, foi o testemunho dele que permitiu a obra do ETERNO.

24 Jesus nos mostrou a verdade, e foi por meio dele que conhecemos a luz, foi o martírio dele que nos proporcionou a possibilidade de conhecer a torah dos profetas.

25 Hoje seguimos a verdadeira e pura religião, aquele que não tem nome, raça, língua ou nação, somos da religião universal.

A oração é a base.

26 Não nos importa ritos, costumes ou tradições, por mais que sejam importantes para a vida humana, o que mais importa para os que mergulharam na fonte da água viva, é a oração.

27 Não importa o horário ou o lugar, no mínimo deve ser dedicada ao Criador sete orações diárias. Elas limpam a alma, purificam o ser e nos edificam a cada dia.

28 Nunca pare de orar, nunca deixe de se conectar com o Doador da vida, ele é amor.

CAPÍTULO 9
O CORPO É SAGRADO.

1 - Louvado seja o Mantenedor do universo, por sua bondade, amor e sabedoria, louvado seja porque criaste os mais belos e nutrientes alimentos para o ser humano.

2 - Quando o Soberano criou o homem, os alimentos próprios já haviam sido criados.

3 - Os alimentos não são criações posteriores ao homem, mas são provisões nutricionais cuidadosamente já previstas. Cada cor dos alimentos tem sua função em nosso organismo, cada sabor tem seu efeito de cura.

4 - Ao criar o casal, o Soberano deu a melhor dieta alimentar a [5] (fruto-cerealista), com esse tipo de alimentação Adam era perfeito e conservava virtude e saúde.

5 - O alimento deve ser considerado sagrado, cada refeição deve ser preparada com o máximo de cuidado e higiene, para reconstrução de nossas células e revitalização de nosso cérebro.

6 - Nós fomos formados dos elementos da terra, tudo o que nosso corpo precisa vem do solo por isso é vital que nosso alimento venha do solo.

7 - O alimento tem total influência sobre nossa psique, afetando nosso comportamento psíquico e espiritual.

8 - Nos dias atuais milhões de pessoas sofrem com depressão, angústia e falta de concentração. Todas essas doenças da alma, estão ligadas diretamente com a má alimentação.

---

[5] **"Fruto-cerealista"**: Uso exclusivo na alimentação, formada por frutos e cereais. No Éden a morte de animais e plantas não eram permitidas, foi após o Éden que o casal criado passou a comer vegetais e hortaliças, e com agravamento do organismo humano o consumo de carnes foi permitida pelo Soberano. Permissão não é o mesmo que padrão.

9 - Nosso corpo é sagrado. O Eterno criou para nós o puro alimento, mas o homem perverteu os sabores, os cheiros e o visual, levando a saúde mental, física e espiritual do homem ao caus.

10 - O alimento tornou-se mais um deus desse mundo, homens e mulheres não se controlam, levando a deformidades e doenças aos seus corpos, para apenas satisfazerem os desejos do paladar. Essas atitudes levam a um ciclo vicioso que torna quase impossível parar com a má alimentação.

11 - O Mantenedor do mundo me mostrou e eu confirmei, que o homem é dominado por seu paladar, é doente e infeliz pela compunção alimentar.

12 - Tudo e qualquer alimento que altere o estado natural do corpo humano, deve ser evitado, o Altíssimo não tomará por inocente aqueles que tomam conhecimento dessa mensagem e fazem do seu corpo uma "lata de lixo".

13 - Doenças e aflições virão sobre os que renegam a mensagem de advertência quanto a alimentação, não ficarão doentes por causa da ação Divina, mas pela consequência de seus erros. Não demorará até que o vazio da alma seja a doença que mais levarão pessoas a mortes neste mundo.

14 - Como controlar o vício frenético do paladar pelos alimentos impuros? Essa é a pergunta feita por aqueles que desejam seguir os ensinos do Criador.

15 - Os rebentos do Mantenedor do Universo, devem se esforçar para se livrarem desse mal. Disse o Soberano: "Esforça-te, porque eu sou com você", o Criador nos dará forças se pedirmos. É preciso nos educar em um regime alimentar que não adoeça nosso corpo.

O uso da carne.

16 - Quando o Soberano permitiu a morte de animais inocentes para a alimentação do homem, foi para a sobrevivência humana.

17 - Comer carne não é pecado, mas só deve ser feita em último caso, quando não há alternativas vegetais.

18 - No deserto o povo hebreu israelita não tinha como cultivar e viver apenas da dieta cerealista. Observe que quando os israelitas pediram comida, o Soberano enviou o maná, que era uma espécie de vegetal.

19 - Por que o Soberano não enviou carne logo na primeira vez? Pela insistência do povo o Soberano enviou carne, mas não como benção e sim como maldição e por isso morreram milhares de homens por causa da carne e da dureza dos corações.

20 - Não é pecado comer carne, não é proibido o uso de animais puros para servirem de alimento, mas a alimentação cárnea só deve ser adotada quando não existir uma alternativa fruto-cerealista.

21 - Não é aceitável que um homem mate um animal apenas para satisfazer a vontade do seu paladar.

22 - As criaturas de ETERNO são seres vivos que existem para a exaltação do Criador do universo.

23 - Nos dias atuais os incautos dizem que a carne dos animais é importante para a nutrição humana, mentiras e mais mentiras. 24 - Adão foi criado sem a necessidade de consumir carnes, os cereais são suficientes para a boa nutrição humana. As frutas e os cereais foram criados para a nutrição perfeita dos seres humanos.

25 - Você acha que o Eterno precisou autorizar o consumo de carne porque as frutas e cereais não eram suficientes? Não, não, a carne foi permitida em segundo plano, e nunca foi como padrão, isso só aconteceu porque o cultivo de cereais, frutas e vegetais foi prejudicado por motivos adversos.

26 - O Soberano não criou seres vivos para serem mortos a fim de serem degustados no churrasco no fim de semana, ou pelo paladar frenético no meio da semana.   O Santíssimo colocou o homem na terra

para ser o equilíbrio, a harmonia e não para ser o destruidor, muito menos de si mesmo.

27 - Cuidem da saúde física e estarão cuidando da espiritual, busque o Santíssimo e terão desejo por cuidar do corpo.

CAPÍTULO 10
DOAR-SE POR COMPLETO.

1 - Em nome do Todo-Poderoso, aquele que criou o universo e criou a menor das partículas. Louvamos o seu nome para todo o sempre, porque sua paciência é amor e a sua bondade é eterna.

2 - Na manhã de sábado, dia trinta e um, no oitavo mês do ano dezenove do século vinte e um (31/08/2019), eu estava em oração, quando mais uma vez o Soberano (Ls) me iluminou com um tema, importante para escrever para nossos irmãos.

3 - Em outra noite, antes desse dia eu tive um sonho. Que doravante compartilho com vocês: Sonhei que estava ao lado do meu filho mais novo, então, um homem se aproximou de nós e me disse:

4 - Venha vou te mostrar o que na realidade está acontecendo com os [6] irmãos da restauração. Depois dessa fala ele me levou para um campo plano e muito grande, parecia um estádio de futebol, mas sem as arquibancadas.

5 - Eu estava de frente de um domo que parecia vidro, estava fixado ao gramado e dentro desse domo havia um líder pregando para um pouco de pessoas,

6 - fui convidado pelo homem a me afastar do domo e à medida que me afastava, pude ver outro domo com outro líder e mais um pouco de pessoas.

7 - Ao me afastar ainda mais, vi outros domos e havia similaridade entre eles. Perguntei ao homem que me levou até aquele campo: Por que eles estão todos isolados?

8 - Então ele me disse: Eles se dividem porque brigam por pouca coisa, eles se

---

[6] **"irmãos da restauração":** Homens e mulheres vindos de outras religiões para a restauração espiritual.

afastam por doutrinas que não fazem diferença na redenção humana, esse povo não vai se unir até saber que vivam pela palavra e não pelo ego humano.

9 - O homem me pediu para afastar mais ainda, então eu pude ver que todos os domos estavam de baixo de um grande domo, no qual eu também estava.

10 - Perguntei então ao homem – o que isso significa? Então ele me disse: Todos estão buscando o mesmo, todos estão de baixo da mesma proteção, mas nem todos percebem que devem olhar em direção ao Soberano do universo e não para seus domos e só depois de dirigir seus olhos para o Eterno serão unidos e fortes. (Fim do sonho)

11 - O amor ao mundo vigente, e aos mimos, estão levando nosso povo ao comodismo espiritual.

12 - O apego ao eu interior tem deteriorado nosso dever de ser luz. Nosso povo em grande parte tem um apego excessivo aos bens materiais, o materialismo os impede de ver o real motivo de nossa existência.

13 - Temos por missão iluminar o mundo, com as verdades para os últimos dias, antes do terrível dia do Altíssimo. Para realizarmos a missão que temos, devemos ser unidos e fortes,

14 - cada irmão e irmã devem doar-se por completo, devem abdicar do luxo e viverem para o governo do Soberano.

15 - Somente com a total união de nosso povo poderemos ser uma voz audível para a sociedade brasileira e o mundo. Cada irmão deve ajudar na missão de propagar a Palavra do Eterno Criador.

16 - Para realizarmos essa obra precisamos de recursos financeiros para construir casas que servirão para as orações, elas também

atuarão como escolas para o ensino da Palavra.

17 - Mas por que não obtivemos sucesso? O apego ao dinheiro tem levado a missão ao atraso.

18 - Se cada irmão doasse o máximo ao seu alcance, nós seriamos fortes na propagação da verdade por meio da internet e outras mídias.

19 - Nunca foi tão fácil pregar as boas novas, nunca obtivemos tantos meios de propagação. Mas o que nos falta? O que nos falta é doar-nos por completo.

20 - Se cada um se fechar num domo, seremos fracos e esse tipo de restauração é falsa.

21 - Antes, quando nossos irmãos estavam em suas antigas religiões, eles doavam, ofertavam e se dedicavam para o ministério no qual faziam parte, mas percebi que a grande maioria desses irmãos ao adentrarem na restauração espiritual, tornam-se mesquinhos quanto a doação financeira, antes doavam, mas agora fecham as mãos.

22 - Não é possível realizar uma grande obra, se não tivermos recursos financeiros.

23 - Cada folheto, vídeo, casa de oração, livro etc. precisa de dinheiro para se tornarem realidade na missão. Amados irmãos apelo a vocês, não se fechem, ajudem na obra de propagar as verdades finais.

24 - O Mensageiro Jesus tinha um tesoureiro para coletar a ajuda financeira. Muitos de nossos irmãos pensam equivocadamente que ele não necessitava de dinheiro, mas a verdade é que nosso mestre sabia da importância desse recurso precioso,

25 - ao comprar os cinco pães e dois peixes, ao comprar os preparativos para a festa de pascoa, ao alimentar os discípulos, Jesus utilizava os recursos financeiros que eram entregues ao tesoureiro.

26 - Para continuar sua missão Elias precisou de ajuda de uma mulher, aparentemente sem recursos. Ela repartiu o último que tinha com o mensageiro.

27 - Há muitos que dizem em seus corações: "Eu queria ter condições de ajudar", mas dias e anos passam e essas pessoas vivem gastando seus recursos com objetos que se deterioram, mas na hora de ajudar na missão espiritual, retraem suas mãos aos bolsos e o mesmo discurso se repete: "Eu queria ter condições de ajudar".

28 - A nossa verdadeira condição é o coração liberto do comodismo e da frieza ao senso de missão.

29 - Nosso povo não pode continuar separados e desunidos. Nosso adversário coloca na mente dos fracos a seguinte ideia: "Não doe dinheiro, porque eles vão usar em benefício próprio, você é o que mais precisa."

30 - É verdade que muitos falsos líderes roubam as doações e usam em benefício próprio, eu porem digo que tais líderes devem ser expulsos de nosso meio, mas não se torne mesquinho por causa desses maus exemplos, ainda existe bons líderes fazendo o correto com os recursos financeiros.

31 - Amados irmãos que nosso único domo seja a proteção do Altíssimo e sua presença em nosso meio. Doar-se por completo significa que nosso tempo, dons e bens possam valer na obra santa.

CAPÍTULO 11
A ÚLTIMA TORRE DE BABEL.

1 - Em nome do Sagrado, o ser que não passou a existir, porque sempre foi o que é, e sempre será o que é. Louvamos e contemplamos seus feitos entre nós.

2 - Vivemos em tempos difíceis, estamos agora no tempo da elaboração da nova e última torre de babel a ser construída no mundo.

3 - Grande dor e pavor se aproximam, o tempo da perseguição aos toraístas, está em curso.

4 - O mundo está se convergindo para a formação da torre.

Nossos irmãos devem dar ouvidos a essa mensagem ou do contrário sofrerão os perigos dessa perseguição, que se agravará por meio da influência.

5 - Serão empregados todos os meios para influenciar os toraístas e farão com que se distanciam da fonte viva de Salvação. Existe um mal sendo enraizado nas cabeças dos jovens, o conceito anti-torah.

6 - Alguns conceitos da torah foram semeados ao mundo por meio do testemunho do Profeta, e por meio do cristianismo, islamismo e judaísmo, esses conceitos da torah serão combatidos em todo o lugar.

7 - Na escola, faculdade, em casa, na internet, no trabalho, não importa o lugar que você esteja, sempre haverá um meio de informação tentando te converter para o anti-toraísmo.

8 - As três maiores religiões abraâmicas têm em comum acordo, o estilo da família biologicamente reprodutiva, a crença da criação do universo pelo ETERNO, e essas religiões concordam que a torah foi inspirada pelo Altíssimo.

9 - Nos últimos tempos, o neo-marxismo é o perigo real para nossos dias, pessoas convertidas a esse conceito, estão se unindo para erguer a maior e última torre de babel.

10 - Quando essa torre estiver pronta, haverá uma lei mundial, proibindo toda e qualquer manifestação religiosa que não faz parte do acordo único inter-religioso. Será realizado um acordo nas seguintes áreas: Educação, religião e comércio, serão perseguidos sob pena da lei, todos os que não aceitarem a nova ordem mundial, estabelecida sob a influência do neo-marxismo.

11 - Muitos serão presos, outros pagarão pesadas multas e outros morrerão.

Nessa guerra as crianças e jovens são os alvos primordiais para que o futuro seja moldado pela visão modernista.

12 - Eu, debaixo da ordem do Altíssimo, advirto aos pais: Cuidem dos seus filhos, porque são eles as vítimas em potencial, nossos jovens serão bombardeados com excessiva propagação do engano, para a desconstrução do estilo de vida toraísta.

13 - Desenhos animados, filmes, novelas, séries, jogos, aulas escolares e outros meios possíveis são e serão empregados para desvirtuar a espiritualidade de nossos jovens. Senhores pais, lutem com todas as suas forças, não desistam, não pisquem os olhos.

14 - Cabe aos pais a maior tarefa nessa guerra, além de se manterem firmes e vigilantes devem agir para proteger seus filhos.

15 - Para a nova torre de babel ser erguida, o conceito torastico da família vai ser combatido, o modelo de família seguida pelos muçulmanos, cristãos e judeus será fortemente influenciada e moldada a não se parecerem com o ideal estabelecido pelo Altíssimo.

16 - Eu advirto a todos os que me dão ouvidos: Andai pelas veredas antigas, caminhai pela verdade, desviem-se do mal. Disse o Soberano do universo: Andem no meu caminho e viverás.

17 - Antes do grande dia final, haverá em nosso meio dois grupos de pessoas, os néscios e os sábios, os que

terão a luz e os que terão trevas.

18 - Os sem luz, terão a lamparina, mas sem a luz, por este motivo advirto a todos, busquem a energia para vossas lamparinas. 19 - É possível um homem no escuro ver sem luz? É possível uma mulher sem luz ver no escuro? Como então, poderão distinguir entre o certo e o errado? Como poderão saber o caminho a seguir?

20 - Só é possível ao homem achar o caminho, se ele portar a luz que emana da torah do Soberano. Amados irmãos, vigiai e orai sem cessar, para que o Adversário não os seduza para a nova torre de babel.

O testemunho fiel dos remanescentes

21 No fim dos tempos, antes de ser estabelecido o reino do Eterno, um broto de Israel derrubará o governo corrupto da terra santa e tentará estabelecer o novo governo preparatório para a era do [7]Grande Kohen, por causa dessa luta, eles serão duramente perseguidos, por observar e ser fiel aos mandamentos do Eterno.

22 Quando o reino corrupto de Israel for derrubado e os remanescentes tomarem o poder, a nova torre de babel se levantará contra o remanescente, e haverá uma perseguição tremendamente horrível.

23 A torre de babel que existe hoje cairá e no lugar dela a terceira surgirá, essa será a pior e mais anti-torah que a segunda, ela será erguida no lugar de destaque, assumindo a aparência de bondade.

24 À essa nova torre, se aliará todas as religiões infiéis aos propósitos do ETERNO, ela levará o mundo para unificação contra o Sagrado e tudo que é santo. Muitos desvirtuados da torah se alinharão a torre.

25 A guerra se dará porque o estilo de vida do servo é

---

[7] "Grande Kohen": Sumo Sacerdote.

contrário aos propósitos da nova torre.

26 Os primeiros remanescentes se levantarão na terra de Israel e depois ao redor do mundo, eles serão conhecidos por serem fiéis as instruções (torah) do ETERNO. Esse broto vai reprimir o falso reino de Israel, levando os sinceros israelitas para uma revolução sem volta.

27 Grandes cidades, cheias de prostituição e idolatrias como a Telaviv e outras serão sacudidas pelo poder do Criador. A guerra que haverá levará essas cidades ao caos.

28 O governo democrático que existe hoje não é e nunca será o governo estabelecido pelo Eterno, porque não estão de acordo com as leis da toráh.

29 Esse governo marionete dos filhos da Inglaterra fez de Israel o 2º melhor lugar para o homossexualismo e outras abominações proliferarem.

30 A imagem do povo israelita foi manchada pela falsa imagem – a imagem de uma prostituta. O tráfico de drogas, prostituições e o surgimento de dezenas de templos idolatras se espalham por toda a nação.

31 O Israel que lá está, não é o remanescente sem pecado e sem engano na boca, "na sua boca não se achará língua enganosa" Sf 3.13 mas será lá, segundo a palavra do ETERNO, que o servo (Os remanescentes) irá se levantar.

32 Quando houver uma revolução religiosa em Israel, para a obediência total aos mandamentos escritos na torah, essa nação passará a ser mais odiada do que é atualmente, a nova torre de babel dará ordens para descontinuar com as sentenças de morte contra os adúlteros, homossexuais, idólatras etc.,

33 mas o remanescente no governo não ouvirá a nova torre de babel, com isso haverá uma batalha intensa, muitos israelitas morrerão, fiéis e infiéis, nações cercarão Israel.

34 Quando os descendentes israelitas e gentios sinceros

entre as nações, souberem das mortes dos remanescentes, eles se converterão pelo fiel testemunho irradiado em todo o mundo, os sinceros entre as nações retornarão ao Criador, redimindo-se dos seus erros.

35 Será a morte dos remanescentes em Israel, o último chamado que despertará nos corações sinceros ao redor do planeta o chamado para o retorno (teshuvah).

36 Os remanescentes levarão a culpa pelos erros da omissão dos israelitas infiéis. Eles pagarão com a vida, pelo testemunho de luz.

37 Com o testemunho dos remanescentes, haverá um levante de conversões ao redor do mundo e assim estará preparado o caminho para a estabelecimento do reino do Grande Kohen.

38 Muitos dos que um dia viveram essa mensagem de luz, não perceberão quando o Santíssimo derramará sobre os remanescentes a maior porção do Ruach sobre seu povo. Muitos dos que renegaram a fé, estarão inertes, até que venha a destruição.

CAPÍTULO 12
Homens de barro.

1 - Em nome do ETERNO o sabedor de todas as coisas, em nome dEle declaro que não há outro, só o ETERNO foi, é, e será o Todo-Poderoso. Bendito seja aquele que nos ama.

2 - Adão antes de receber o folego da vida, era apenas barro inanimado, tinha aparência de um ser vivo, mas sem vida, a aparência era bela, mas não possuía o folego da parte do Soberano.

3 - Adão só deixou de ser apenas barro quando o Altíssimo lhe soprou o folego que possibilita a vida. Espiritualmente falando; o homem de barro precisa do Altíssimo para levantar-se. Mas qual homem de barro ouvirá o chamado do Criador?

4 - Ouçam! homens de barro, o tempo te domina, vós sois limitados pelo passar das horas. Mesmo assim há pessoas, que gastam o tempo com aquilo que não é sólido.

5 - Dê me ouvidos ó filhos da terra e saibam que seus dias serão poucos, como o queimar da palha, assim serão suas vidas.

6 - A vida é frágil como um papel queimado, basta um leve supro para que ela se desfaça. Então não corra atrás do que não lhe trará Paz. Se hoje fosse seu último dia de vida, o que faria?

7 - O tempo será cobrado de você no dia do julgamento final e será apresentado todas ás horas usadas para o abominável. Invista seu tempo com o que te fará bem sob a vontade do Altíssimo.

8 - Ouçam! homens de barro, não se apoiem nos seus bens, porque todo o ouro desse mundo passa e o ladrão pode roubar. Há aqueles que fazem do dinheiro o principal motivo para viver, entretanto os dias passam e ele percebe que o tesouro acumulado não lhe proporciona a paz, há também aqueles miseráveis que gastaram o tempo com a farra e agora são pobres mendigos sem a paz.

9 - O homem desvia-se do seu Criador e afasta-se continuamente da luz. Como poderão saber o que está à sua frente se não há a luz? Como poderão reconhecer seu estado de incapacidade se não buscam o sempiterno?

10 - Vimos e observamos que nos últimos tempos o homem de barro tem destruído a natureza. Animais são assassinados diariamente por causa da perversidade do coração humano, são tratados como objetos, vendidos como mercadorias.

11 - O misericordioso vai cobrar do homem mal que assassina as criaturas sencientes e inocentes. O mal tomou conta da terra, nos dias atuais seria possível encontrar uma alma sincera em busca da paz? Homem de barro arrependa-se e volte ao seu Mantenedor.

12 - Vimos e observamos, que a corrupção se espalhou pela terra e está alcançando o mesmo nível que levou os antediluvianos a destruição. Em nossos dias observamos que a corrupção é a água

bebida e o pão comido, ela está por toda parte.

13 - Qual homem de barro que pode fazer a vontade do Altíssimo? Aquele que é humilde em reconhecer seu deteriorado estado e reconhece a necessidade de ter dentro do ser um espírito poderoso, capaz de fazer o homem de barro se tornar um ser vivente.

14 - Ouçam homens de barro, não demores em reconverter-se ao Soberano do Universo.

Feliz é o homem que reconhece seu estado inferior e recorre ao Bondoso como sua fonte de superiorização da alma frente aos pecados.

15 - Ouçam! Homens de barro, sua violência não o ajudará no dia da vingança do Todo-Poderoso, nenhum dos seus feitos poderá te livrar da ação forte e enérgica daquele que pode matar o espírito.

16 - Sua violência está sem limites, homens, mulheres e crianças inocentes morrem diariamente, suas ruas estão cobertas por sangue,

seus negócios são fraudulentos, vocês emprestam duas porções e cobram como juros quatro porções, e assim levam mais miséria aos pobres. A terra está contaminada por sua ganância pela riqueza e poder.

17 - Homem de barro, você não entende! A única forma de salvação é ter em vós o sopro sagrado de vida! Mas, para vocês não é concedido, porque não há humildade para reconhecer seu estado inferior e suplicar por perdão. Você vira as costas para o Criador e diz "não preciso dele".

18 - O homem de barro está morto espiritualmente e somente com o sopro do Altíssimo ele pode se tornar vivo. Homens e mulheres devem buscar incessantemente a vida que procede do Soberano.

19 - O homem espiritual deve nascer no lugar do barro, ele deve ser luz para as nações e florescer como a vara de Aram.

CAPÍTULO 13
Os sons da vida.

1 Amado seja aquele que nos amou, ama e amará, o Grandioso que a nos deu de presente os sons da vida, eu o amo porque seu amor dura para sempre, em nome dele eu revelo o significado da verdadeira paz que o mundo não lhe retirará.

2 No exato momento em que escrevo, ouço o cantar dos passarinhos, meu filho tocando violão e a linda voz da minha esposa cantando.

3 Na segunda semana do primeiro mês do ano de 2020, o Criador me alegrou com uma visão, me fez ver o que outrora não estava pronto para ver.

4 Eu exalto o Doador por abrir meus olhos para os sons da vida que formam uma linda canção. Mas, se são os sons da vida, por que tive a visão?

5 Vi que muitas pessoas andam dormentes e surdas e não param para ouvir. Muitas são, as que desperdiçam o tempo com coisas vãs.

6 É preciso abrir a mente para perceber que podemos ser felizes com o pouco que temos.

7 Se encontrarmos a paz interior, perceberemos um mundo de sons em nossa volta. Mas como encontrar a paz interior? Como podemos alcançar esse nível tão desejados por muitos?

8 é preciso abdicar de tudo aquilo que tapa nossos ouvidos e o que fecha os olhos do coração.

9 As luzes deste mundo, corrompem e desvia o homem do caminho reto, por este motivo a paz interior está tão distante.

10 O estresse da vida moderna, a frenética busca pelo sucesso aparente e a falta de conexão com o Mantenedor do Universo, faz com que vidas sejam aprisionadas nas masmorras espirituais.

11 Os sons da vida estão nos pequenos detalhes, mas são apenas um sussurro de algo mais ávido.

12 Os pais devem sentir a ação de ETERNO no sorrir de uma criança de colo, os filhos devem ver a ação de ETERNO quando os pais lhe protegem do perigo.

Encontrando a paz interior.

13 Me pergunto se a paz depende de fatores externos ou interno? O que de fato é a paz?

14 O homem sempre a buscou, com dinheiro, guerras e outras facetas. Sempre está buscando um lugar para viver sem o risco da desordem.

15 Erram aqueles que pensam que a paz depende de fatores externos. Um homem que vive num bom lugar, sem guerras e dificuldades, não pode dizer que encontrou o que procurava se ela não estiver em seu interior.

16 Por outro lado, aquele que a tem no interior da alma, não irá se perder em meio as perturbações da vida.

17 Você deve exercitar seu interior para encontrá-la. O consciente do homem deve estar ligado a consciência coletiva na busca pela paz.

18 É preciso buscar o silencio para ouvir o seu eu interior. Quando você ouvir sua voz, perceberá suas necessidades e com isso terá a oportunidade de corrigir, busque o silêncio duas vezes por dia, reflita em seu estado espiritual e fale com o Doador da vida.

19 Cada humano deve conhecer os dois lados de sua existência. Há dentro do ser humano a alma inferior e a alma superior. A inferior nos puxa para os desejos físicos, porém a superior nos eleva, fazendo com que nosso ser busque o espiritual.

Alimentando as almas.

20 Quando a alma inferior é mais forte que a superior, ocorre um desiquilíbrio, na mesma proporção, quando a alma superior é mais forte que a inferior.

21 Quando o homem alimenta apenas a inferior, ele tende a viver pelas paixões físicas, torna-se amante dos prazeres

passageiros e não se concentra no mundo vindouro, não se prepara para viver na eternidade.

22 A vida do homem que assim procede entra em total desarmonia, levando sua vida ao caos. Alimentar de mais a alma inferior tende a levar o homem para longe do Eterno.

23 Quando a alma superior é a mais alimentada, o homem perde o prazer pelas paixões lícitas da vida, com isso tornar-se-á um grande problema.

24 Deve haver um equilíbrio na alimentação da alma superior e a inferior.

O consciente coletivo.

25 Uma comunidade de pessoas tem uma consciência compartilhada, eles desejam e pensam em comum acordo.

26 A paz duradoura para uma comunidade deve ser buscada em unidade. Quando a ciência do bem desejado é compartilhada, cada membro se alimentará da esperança comum.

27 Os sons da vida estão em cada indivíduo da comunidade, em cada criação na natureza, em cada palavra ouvida e em cada ação realizada. Encontre a paz interior e ouvirá os sons da vida.

CAPÍTULO 14
Harmoniosa relatividade.

1 Em nome do Eterno o magnificente, aquele que retarda sua ira. Em seu amado nome declaramos que toda a fonte de poder emana dele, e nada vive sem a vontade dele.

2 O Eterno criou todos os seres para viverem em harmonia no universo, cada planeta, cada astro vagante tem sua função determinada.

3 Cada objeto no espaço está interligado. Se uma constelação de planetas deixasse de existir, nossa vida na terra seria extinta, se a lua, ou outro planeta ao nosso redor deixar de existir, a vida como conhecemos perecerá.

4 Deus não criou nada ao acaso ou em desordem, tudo tem sua função e tudo está harmoniosamente conectado.

Harmonia na alimentação.

5 Ele criou os animais para viverem em harmonia com o homem, criou o homem para viver em harmonia com tudo o que existe na terra.

6 Ele nos colocou aqui para sermos administradores desse lindo mundo. Nunca foi do agrado do Eterno que um ser vivo passe pela morte, o Eterno não criou a vida para acabar.

7 Quando o Eterno criou o homem, não o fez para se alimentar de animais, por esse motivo Ele deu a dieta alimentar que consistia em; cereais e frutas.

8 Nem mesmo uma planta poderia ser morta pela mão do homem, cada ser estava em harmonia.

9 Com o declínio da humanidade o mundo perdeu a harmonia e a violência tomou o lugar.

10 Nos dias atuais a violência está em toda parte; no falar, no agir, no comer, no olhar, no amor e em todas as ações dos seres vivos na terra há violência.

11 Essa atitude foi assimilada pelo nosso organismo como natural e normal, mas, no princípio não era assim, os seres viviam em harmonia e ninguém precisava matar um animal para comer, não precisava tirar a vida de outro para a sua existência.

12 Quando um ser humano se alimenta de animais, o organismo torna-se viciado, as células tornam-se dependentes das partículas animal. É mais fácil parar de fumar maconha do que parar de comer carne.

13 Nossas células tornam-se deficientes e inúmeras doenças são acometidas no organismo. O homem perde a capacidade da velocidade na regeneração celular, as faculdades mentais tornam se anuviadas.

14 Quando o Santíssimo deu a lista de animais, para que os hebreus pudessem comer, permitiu porque eles estavam no deserto e não podiam plantar e nem cultivar ou em outras circunstâncias de sobrevivência.

15 Por essa razão podemos ver a permissão do Criador para que o homem pudesse se alimentar de animais. Sabemos que o Criador antes havia dado o maná (vegetal).

16 Quando um animal morre para alimentar um ser humano, ele dá a vida e o sangue é derramado para que outro possa viver. Isso só é permitido em caso de vida ou morte, em casos estremos onde não há a alimentação fruto-cerealista.

17 Quando uma pessoa não tem ao seu alcance; frutas, legumes, cereais e hortaliças, ela pode sacrificar um animal(puro) para sobreviver, mas deve fazer com muita dor no coração, porque uma vida se perdeu para que a dela se achasse.

18 Os verdadeiros filhos ETERNO, não comem carne apenas pelo paladar, fazem por extrema necessidade.

19 Infelizmente, hoje os seres humanos tiram a vida de outro ser apenas para a satisfação do paladar. O vicio pela carne animal já tomou

conta do ser e não é mais pela falta de frutas, legumes, cereais e hortaliças.

20 A humanidade se perdeu e já praticam o mesmo erro dos antediluvianos.

Harmonia com o planeta.

21 Nosso planeta está em ruína, nossos recursos naturais estão contaminados pela ação destruidora do homem.

22 A maior fonte de oxigênio (o mar), está morrendo. A matança de animais marinhos para saciar o vício humano pela carne está acabando com a vida nos oceanos,

23 não se trata de alimentação, mas da manutenção do vício. O homem se perdeu; e matar, matar é o que permeia o coração humano.

24 A ganância por poder e riqueza faz o homem destruir o planeta. Eles retiram do fundo da terra o ouro preto (petróleo) e o transforma em lixo poluindo a natureza.

25 O Eterno equilibrou o mundo ao colocar de baixo da terra o petróleo, ele está lá para o equilíbrio e a harmonia do planeta.

26 Por essas ações, virão sobre a terra, mais pestes e mais calamidades. A falta de harmonia levará o nosso mundo ao pior dos caos.

27 A terra ficará poluída e levará a escassez de alimento. A humanidade está em pleno crescimento e a terra cobrará com o efeito colateral.

28 A sociedade humana, se multiplica numa velocidade extrema, e após a grande inundação o homem levou milhares de anos para alcançar a marca de seiscentos milhões de habitantes (600.000.00).

29 Mas, nos últimos trezentos e setenta (370) anos o homem ultrapassou a marca dos sete bilhões de humanos, um aumento expressivo. Isso está acontecendo pela falta de harmonia, a alimentação animal,

30 o desejo descontrolado pelo sexo está causando um

efeito catastrófico – a super população mundial assim como foi para os antediluvianos.

Harmonia no sexo.

31 Eles "casam e se dão em casamento", para muitos o sexo deixou de ser uma necessidade do corpo e passou a ser de uma alma doente.

32 O sexo é algo maravilhoso e instituído pelo Eterno, mas, o que mais vemos nos últimos séculos é a proliferação da pornografia, por meio das revistas, músicas, vídeos e pelo vestuário.

33 As mentes são instigadas constantemente por meio de todos esses artifícios para o ato sexual, o que era uma necessidade do corpo passou a ser uma necessidade da alma doente.

34 Naturalmente o corpo pede pelo sexo e isso é um elo entre o homem e a mulher. Mas, com a alma doente o homem usa o sexo para fugir de suas dores, e tem se tornado uma válvula de escape.

35 O mercado do sexo, a prostituição e a necessidade animalesca não são efeitos da necessidade orgânica do corpo, mas, é o efeito da alma doente.

36 O que faz um homem trair sua esposa, o pai estuprar uma filha, uma mãe abusar do filho, ou a busca pelo mesmo sexo, não é a necessidade do corpo, é o efeito de uma alma em declínio.

37 Os servos do Eterno precisam buscar o equilíbrio para impedir o ato sexual pelo impulso da alma doentia.

A harmonia na violência.

38 A violência do mal deve ser combatida com a luta do bem. Parece contraditório, mas, não é, quando um homem ameaça a existência de outro o ameaçado precisa brigar para sobreviver,

39 quando te faltar todo o mantimento fruto-cerealista você precisa matar um animal para sobreviver.

40 Quando um homem ameaça estuprar a esposa

ou a filha de outro homem, é preciso a violência para o impedir.

41 Se um animal feroz te ameaçar a vida, você precisará enfrentá-lo e até matá-lo para viver.

42 Quando uma pessoa pratica a delinquência, ela não deve ficar impune é preciso uma punição para trazer equilíbrio.

43 A penalidade do erro é o equilíbrio de força, no combate ao mal.

44 A violência do mal deve ser combatida com a prudência do bem para equilibrar e trazer harmonia.

45 Se um malfeitor entrar de madrugada em sua casa para matar, e você o tratar com mansidão, isso vai gerar um desiquilíbrio porque aquele que é do bem morrerá.

46 Se uma jovem donzela não for defendida na ameaça do estupro, ela sofrerá as consequências de um filho não desejado.

47 Quando as forças do bem se omitem em frente as forças do mal o desiquilíbrio toma conta da sena e o mal reinará.

48 "aquele que pecar certamente morrerá" o Eterno trará a morte contra os que pecaram, com o pecado de morte.

49 Se o pecado de morte não for combatido, a consequência será a desordem, uma cidade onde não há punição o crime reinará.

50 O mundo como conhecemos está fora da harmonia estabelecida pelo Eterno, cada homem e cada mulher devem buscar da fonte da vida o equilíbrio para fazermos desse mundo um lugar melhor, começando por nossas casas.

www.ingramcontent.com/pod-product-compliance
Lightning Source LLC
LaVergne TN
LVHW010253200726
843506LV00014B/3241